POEME
SVR
LA NAISSANCE
DE
MONSEIGNEVR
LE DAVPHIN.

Par le Sieur COLLETET.

A PARIS,

Chez IEAN CAMVSAT, ruë Sainct Iacques,
à la Toison d'Or.

M. DC. XXXVIII.
AVEC PRIVILEGE DV ROY.

ADVIS
AV LECTEVR.

APRES les Vers que j'ay fait voir sur la grossesse de la Reyne, & qui prophetisoient la naissance d'vn Dauphin, l'impatience me presse, l'excez de la joye m'emporte; Et l'vne & l'autre ne me permettent pas de differer dauantage la publication de ce nouueau Poëme, qui est comme l'accomplissement de mes heureux presages. Ie sçay bien que le temps & les soins que j'y pourois apporter, le feroient paroistre auec plus d'ornement & de beauté : Mais j'ayme mieux en

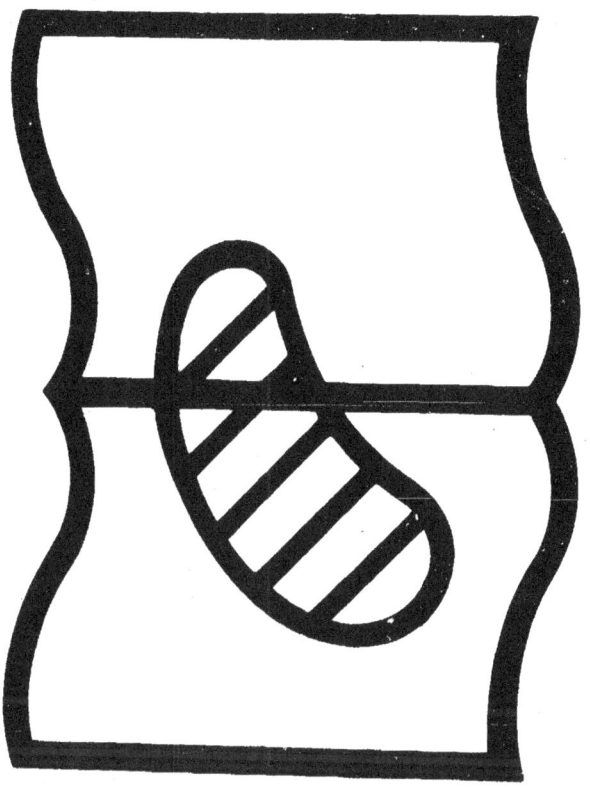

Original illisible
NF Z 43-120-10

cette occasion ouurir la barriere que de la clorre, & donner du premier coup vne atteinte à la bague, que de l'emporter apres plusieurs courses. Si mon Ouurage ne gagne pas le prix du merite, il pourra du moins esperer celuy de la promptitude, puis que ce n'est qu'vn trauail de peu de jours. Et l'on iugera qu'alors que tout Paris faisoit des feux de joye dans ses ruës, Apollon en allumoit d'autres dans mon sein, qui seront peut-estre de plus longue durée, quoy qu'ils ne soient pas si pompeux ny si magnifiques.

Ce 22. jour de Septembre 1638.

POEME
SVR LA NAISSANCE
De Monseigneur le Dauphin.

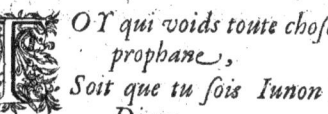OY *qui voids toute chose, & que rien ne prophane,*
Soit que tu sois Iunon, ou que tu sois Diane,
Flambeau de la Nature, & son feu le plus doux;
LVCINE, *par trois fois ie t'inuoque à genoux.*
Si le Ciel & la Terre implorent ta puissance,
Si tout doit à tes soins le bien de sa naissance,
Vien soulager ma REYNE *au fort de ses douleurs,*
Et fay naistre le fruict que demandent ses pleurs.
Ceste Nymphe, en vertu comme en grace adorable,
Doit ressentir l'effet de ta Main secourable,
Puis qu'auecque raison ces rares qualitez,
En charmant les Mortels plaisent aux Deitez.

A iij

Ne rends pas comme toy sa langueur immortelle,
Regarde ma Princesse, oy sa voix qui t'appelle;
Et puisque tu sçais l'art de soulager ses maux,
Ou renonce à ta gloire, ou finy ses trauaux.
Ainsi tu tariras la source de ses plaintes,
Ainsi la deliurant de ces funestes craintes
Qu'vn mal-heureux succez, ne trahisse nos vœux,
En conseruant vn corps tu peux en sauuer deux.
Ie me trompe, ou le Ciel exauce ma priere,
I'apperçoy ta splendeur, Deesse de lumiere.
Peuple, çà de l'Encens, de la Myrrhe & de l'Or,
Receuons la Deesse auecque ce thresor,
Accompagnons ses pas, & croyons que son aide
Aux douleurs de ma REYNE est l'vnique remede.
Sa presence desia dissipe sa langueur,
Et sa bouche s'escrie auec plus de vigueur.
Craintes retirez-vous, vostre abord est funeste;
ANNE ressent l'effet de la Bonté celeste,
Puisque son chaste flanc d'vn effort nompareil
Expose vn nouuel Astre aux rayons du Soleil.
PRINCES approchez-vous, rompez vostre silence,
Pour benir ce DAVPHIN qui vient surgir en France;
Et d'vn cœur transporté d'aise & d'estonnement,
De voir que nos souhaits ont cét euenement,

Oyez de sa grandeur les illustres miracles,
Et sçachez que ma voix est celle des Oracles.
　Quand ce peuple qui croid que les flâbeaux des Cieux
Ne monstrent que pour luy leur esclat precieux,
Qui dit que le Soleil naist & meurt sur la terre,
Abandonna LEVCATE à nos coups de tonnerre;
Et fit voir par sa fuite à tous nos combatans,
Ou qu'on n'a rien sur nous, ou qu'on l'a peu de temps.
Tout enflé du succez d'vne telle victoire
Ie publiois sa honte & chantois nostre gloire;
Et resuant sur les bords où Seine prend son cours,
I'entretenois ses flots d'vn semblable discours.
　O toy qui prodiguant les thresors de ta source
Redoubles ton murmure aussi bien que ta course;
Sacré miroir flottant des Nymphes de ces lieux,
Où nous voyons nager la Terre auec les Cieux;
Comme si l'vnion de ces viues Images
Nous conseilloit d'vnir les rebelles courages;
Beau fleuue couronné de joncs & de roseaux,
Qui ne dois qu'à la Mer le tribut de tes Eaux,
Dans le ressentiment de l'heur qui t'accompagne,
Vante toy d'estre libre en despit de l'Espagne.
Va, tesmoigne par tout à sa confusion
Qu'elle a le cœur d'vn Cerf & non pas d'vn Lyon;

Et que pour repousser ses iniustes alarmes
Nous en auons le cœur, comme elle en a les Armes.
Fay paroistre ta joye aussi bien comme nous,
Cependant que le Rhein & le Tage en courroux,
Honteux dedans leur lict, melancholiques, mornes,
Cachent parmy les joncs leurs testes & leurs cornes.
Chacun d'eux immobile & plus froid qu'vn rocher
Laisseroit à la fin son Canal desseicher.
Si se voyants frustrez de tout ce qu'ils pretendent
Leurs yeux ne l'emplissoiët des larmes qu'ils respandët;
Tant ils ont de regret de voir que leurs Guerriers
Portent plus de Cyprès qu'ils n'ont eu de Lauriers.

   Lors que comme vn Torrent leur effroyable armée
S'en vint & de carnage & de sang affamée,
Dessus nostre frontière on craignit iustement
Le visible progrés de ce desbordement.
Leur cœur enflé d'audace aussi bien que de ioye,
Se promettoit desia que nous serions leur proye;
L'vn vouloit la Prouence, & l'autre le Quercy,
L'vn desiroit l'Anjou, l'autre esperoit Nancy,
L'vn retenoit la Seine, & l'autre la Garonne,
Et partageants ainsi ceste vaste Couronne,
Pour assouuir encor leur funeste appetit
La France leur sembloit vn Estat trop petit.

Mau

Mais l'Ange gardien de toutes nos Prouinces,
Qui veille pour le Peuple en veillant pour les Princes,
Qui nous donne vn repos, si tranquile & si pur,
Et qui maintient nos Roys dans leur Throsne d'aZur,
Voulut qu'vn de nos Ducs dont la vaillance esclatte
Fist pour nos Ennemis vn Tombeau de Leucatte;
Et qu'en les poursuiuant d'vn courage obstiné,
Leur Party fust vaincu, le nostre couronné.
Si bien que tous les jours, apres ce grand orage
Qu'attirerent sur eux les partisans du Tage,
Nos riches Laboureurs cultiuants leurs guérets
Et faisant de leurs chants retentir les forests,
Trouueront de grands os, & des armes dorées
Dont ils feront des socs, & des faulx acerées.
Chantons ceste victoire & benissons le jour
Où Dieu monstra pour nous tant de signes d'amour;
Et tant que sur tes bords ie diray ses loüanges,
Porte les, mon cher Fleuue, aux Nations estranges;
Afin qu'apres ce bruit tout ce grand Vniuers
Soit l'Echo de sa gloire, & celuy de mes Vers.

 J'entretenois ainsi les flots de ce riuage;
Puis changeant de pensée, ainsi que de langage,
Comme si l'eau du Fleuue eut mon chant escouté,
J'arrestay par ces mots son cours précipité.

B

O que si ce Flambeau qui faict le tour du monde
Faisoit naistre vn DAVPHIN sur les bords de ton Onde,
Et qu'apres ces succés aussi grands qu'inoüys
ANNE renouuellast le sang de Sainct LOVYS,
Que nous verrions de biens tomber en abondance!
Tout porteroit enuie au bon-heur de la France.
Mais las! c'est vn Thresor que l'on peut desirer,
Et que sans vn miracle on ne peut esperer.

Apres vn long souspir je reprenois haleine,
Lors qu'vn gros boüillon d'eau se creuant sur la Seine,
Descouurit à mes yeux vne Diuinité,
Dont mon cœur fut d'abord plus que l'onde agité.
Si tost qu'elle parut sur ce Throsne liquide,
Je vy l'onde autour d'elle, & sans vague & sans ride.
Son sein estoit voilé d'vn petit crespe vert,
Tissu de menus joncs, & de mousse couuert;
Ses cheueux, couronnez de feuillages de saules,
A longs replis d'azur flottoient sur ses espaules;
Ses yeux armez de traits, dont le coup est fatal,
Surpassoient en splendeur deux globes de crystal;
Son teint estoit de nacre, & ses leures diuines
Monstroiët sous deux rubis, deux rangs de perles fines.
Alors me contemplant d'vn regard adoucy,
Desire tout, dit-elle, Espere tout aussi.

Mille prosperitez l'vne à l'autre enchaisnées
Conuertiront ces Champs en Isles fortunées.
Ne te plain point du Tage, & croy qu'il a produit
Vne diuine Fleur qui germera du fruit.
La source de nos maux porta nostre remede,
Faisant naistre vne REYNE à qui toute autre cede.
A peine le Soleil qui reigle les saisons
Aura finy le cours de ses douze Maisons,
Qu'vn Enfant paroistra, dont la vertu diuine
Fera voir que du Ciel il a son origine.
Et l'Oracle me trompe, ou l'on doit voir enfin
LOVIS Pere du peuple, & Pere d'vn DAVPHIN.

  A ce mot, tout d'vn coup la Nymphe vagabonde
Enseuelit son corps dans l'abysme de l'onde;
Maint cercle tournoyant mon regard diuertit,
Et ie ne vy plus rien que l'eau qui l'engloutit.
Cette heureuse promesse auiourd'huy reüssie,
Monstre la verité de cette Prophetie.

  Germe Sainct & Sacré de la race des Dieux,
Delices de la Terre, & merueille des Cieux,
Salutaire bon-heur que le sort nous enuoye,
Tu fais mourir nos soins, & naistre nostre ioye.
Fauorable DAVPHIN, tu ne ressembles pas
A ce Dauphin des eaux, l'augure du trespas;

B ij

La Tempeste suruient des qu'on le void parestre,
Mais elle cessera puisque l'on te void naistre.
Vien donc, Ange visible, esgayer nos Esprits;
Vien saluer ta Mere auec vn doux sousris;
Vien voir la Beauté mesme, & la mesme Sagesse;
Et luy tendant les bras d'vn cœur plein de tendresse,
Dissipe dans l'excez de ce contentement
Les pénibles douleurs de son Enfantement.
Vien voir ce puissant ROY dont tu portes l'Image,
Il se pasme de ioye en voyant ton visage;
Et croid, bien que ses faits soient dignes d'vn grād Roy,
Qu'il n'a rien faict encor de si noble que toy.
Vien voir mon RICHELIEV, *ceste Ame sans pareille*
Que l'honneur de la France incessamment resueille;
Qui sur nostre Frontiere escartant l'ennemy
Rend son Throsne branslant, & le nostre affermy;
Qui rompāt ses desseins d'vne ardeur prompte & viue,
Te prépare vn repos dont luy mesme se priue;
Qui preferant la gloire à tous les passetemps,
Comme vn sage Nestor parmy les Combatans,
Rend pour le CATELET *nos Troupes animées,*
Et fait par ses Conseils triompher nos Armées.
Vien voir ce digne Chef du Temple de Themis,
De qui l'Jntegrité contraint ses Ennemis,

D'aduoüer que iamais vn Chancelier en France
Ne tint si droit que luy le poids de sa Balance.
Enfin gage fameux & d'Hymen & d'Amour,
Vien voir auec plaisir ceux qui te font la Cour.

 Le jour de ta Naissance est vn beau jour de Feste,
Et pour le celebrer tout le monde s'appreste.
L'Allegresse publique esleue iusqu'aux Cieux
Des battemens de mains, & des Airs gracieux.
Le Firmament esclatte, & Paris qui flamboye
Monstre tant de clartez & tant de feux de joye,
Que sa Face qui brille en ce rauissement
Paroist dans sa splendeur vn nouueau Firmament.
Et le Ciel, dont la voûte est d'Estoilles semée,
Semble aux yeux de la France vne Ville allumée.
C'est vn plaisir de voir du soir iusqu'au matin
Ces flambeaux esclairer maint superbe festin.
Les Carrefours chargez de fleurs & de viandes,
Sont autant de jardins, ou de Tables friandes.
C'est là que tout le Peuple au milieu des bons mots,
Qu'inuente son esprit quand il est en repos,
Et parmy les douceurs de la pure ambrosie,
Qui peint vn beau crystal en couleur cramoisie,
Chante la couppe en main, d'vne agreable voix,
Viue le beau DAVPHIN de l'Empire François.

B iij

Et ce mot repeté tant de jours continuë,
Que cét autre Dauphin qui regne sur la nuë,
Comme celuy qui tient son empire dans l'eau,
S'esueillent à ce chant qui leur semble si beau;
Et venants t'adorer, ils te font bien paraistre
Qu'ils ne possedent rien dont tu ne sois le Maistre.
   Ainsi, Prince naissant, Paris à ton abord
Te descouure son cœur, & son nouueau tronsport.
Cependant des forests les Plantes differentes,
Et des prez esmaillez les richesses mourantes,
Malgré l'air enflammé qui brusle l'Vniuers,
Prennent pour t'honnorer des habillemens verds.
Tous les ruisseaux taris iusques dessus l'areine,
Comme nouueaux serpens se glissent dans la plaine,
Font petiller de joye & l'onde & les cailloux,
Et caressent les fleurs d'vn murmure plus doux:
Les Nymphes des ruisseaux, & celles des Campagnes,
Les Nymphes des Forests, & celles des Montagnes,
Couronnent ton Berceau d'Amarante & de Lys,
Et de mille bouquets que leurs doigts ont cueillis.
Mesme les vieux rochers, & les Antres sauuages
Que sainct Germain recele au fonds de ses bocages,
Afin de seconder vn si noble dessein
Animent plus d'Echos qu'ils n'en ont dans le sein;

Et resueillant pour toy leur vieillesse chenuë
D'vn million de voix benissent ta venuë.

   Que le Mont de Cyllene, où Mercure eut cét heur
D'apprendre auec le laict l'art de gagner vn cœur;
Que l'antique Délos, ceste Isle vagabonde
Qui fit naistre Apollon pour esclairer le monde;
Que l'aimable Cythere, où la Mere d'Amour
Abandonna les eaux, & salüa le jour;
Que le haut Mont Ismare, où le Dieu de la Thrace
Vid naistre auecque luy la terreur & l'audace;
Bref que l'Antre de Crete, où le plus grand des Dieux
Trouua malgré Saturne vn berceau glorieux,
Au Mont de S. Germain rendent vn juste hommage,
Puis qu'il a dessus eux vn si grand auantage.
Leur gloire est fabuleuse, & c'est en verité
Que ce beau lieu s'honnore à ta Natiuité.
Ses Fontaines d'eau viue ont changé de nature;
Au lieu qu'elles versoient de l'onde toute pure,
Leur source à gros boüillons verse des flots de vin,
Pour faire d'autant plus admirer leur Dauphin.
L'Age d'or vid couler du lait en abondance,
Mais le Monde naissoit, ou n'estoit qu'en enfance;
Auiourd'huy que le temps l'a rendu plus parfait,
Il void couler du vin, plus qu'il ne vid de lait.

Ne vois-je pas desia que ces Bouches illustres,
Qui font durer leurs voix vn million de lustres,
Ces Enfans de Parnasse, Ames de l'Vniuers,
Puis qu'ils animent tout par la force des Vers,
Abandonnent leur Source, & ses graces infuses,
Pour trouuer en ce lieu la Fontaine des Muses?
Que là d'vn feu plus vif, & tant plus genereux
Que le vin plus que l'eau rend l'homme vigoureux,
Ils vont prophétiser tes hautes aduantures,
Pour estonner leur siecle, & les races futures?

Eusses tu donc peu naistre en vn seiour plus beau
Que sur ce petit Mont qui te sert de Berceau?
Où tu vois toute chose honnorer ta naissance,
Et de voix prophétique annoncer ta puissance?
Si tu fais quelque estat de ce lieu sans pareil,
Tu le feras connoistre autant que le Soleil;
Ainsi le second Roy de l'Empire de Romme
Qui dans sa pureté se monstra plus qu'vn homme,
Se plaisoit à resuer sur vn petit ruisseau;
Quoy qu'il aimast le Tybre, il aimoit mieux cette eau,
Lors que secrettement dans sa saincte furie
Il presentoit ses vœux à la Nymphe Egerie,
Pour fonder son Estat dessus la Pieté,
Comme on l'auoit aquis auec la cruauté.

Tu

Tu nais en la Saison où toute chose abonde,
Et dans le mesme Mois qui vid naistre le Monde;
Marque que l'Abondance arriue auecque toy,
Et que tout l'Uniuers fleschira sous ta Loy.
Le signe de la Vierge esclaire ta Naissance,
Présage que bien-tost la Paix doit naistre en France;
Et s'il me faut encore appuyer ce propos,
Ne viens tu pas au monde en vn iour de repos?
Jour mesme d'vn grand Sainct qui présage ta gloire,
Puis qu'il tire son Nom du nom de la VICTOIRE.
Enfin jour esclattant de Triomphe & d'honneur,
Où nasquit autresfois cét Astre de bon-heur,
Ce diuin RICHELIEV, *l'Ange de cét Empire,*
Que ton Pere cherit, & que son Peuple admire;
Signe qu'vn iour tu dois dedans ton Tribunal
Estre vn aussi grand Roy, qu'il est grand Cardinal.
Ainsi le grand César, qui par toute la Terre
Ferma d'vn bras puissant le Temple de la Guerre;
Ainsi ton grand Ayeul, ce Prince de renom
Qui porta des François & le Sceptre & le Nom,
Quittérent en ce temps la prison maternelle,
Pour jouir des douceurs d'vne saison si belle.
Et dans ce mesme Mois, leurs beaux actes guerriers
Couronnerent leur front de deux fameux lauriers;

C

Quand de leurs Ennemis la puissance destruitte
Sur la terre & sur l'eau précipita sa fuitte.
Apres tant de souhaits & d'augures heureux,
Qui craindra que le Ciel n'exauce point nos vœux,
Lors que nous esperons que l'ardeur de Bellonne
Ioindra mille autres Fleurs aux fleurs de ta Couronne?

 Il me semble desia qu'à quinze Ans je te vois
Apres un long repos endosser le harnois,
Pour confondre l'orgueil des Turcs & des Tartares,
Qui du plus doux climat font des terres barbares;
Qu'apres tant de tourmens que Solime a souffers,
Tu rends son Maistre Esclaue, & la tires des fers;
Que touché des clameurs de toute la Iudée,
Qui de pleurs & de sang se void presque inondée,
Tu vas oster la vie à qui l'a faict mourir,
Et faire pour ton Front ses Palmes refleurir.

 O que si les fuseaux qui font nos destinées,
Estendoient iusqu'alors le fil de mes Années,
Que je prendrois plaisir en marchant sur tes pas,
D'estre l'heureux tesmoin de tes nobles combas;
Ton courage rendroit mon humeur eschauffée,
Tu serois mon Iason, je serois ton Orphée.
Si tost que ton acier auroit faict quelque effort,
Ie le fairois oüir du Midy iusqu'au Nort,

Et si tu triomphois d'vne Mer asseruie,
Du Fleuue de l'Oubly j'affranchirois ta vie.
   Mais si le Ciel refuse à mon ardant desir
Les secrets mouuemens d'vn si juste plaisir ;
S'il faut qu'auant le temps à la Mort ie succombe ;
Pour te seruir encore au delà de ma tombe,
I'esleue vn Fils pour toy, j'excite son Esprit,
A suiure le chemin que la Vertu m'apprit ;
Et le voyant porté dés l'Enfance à l'estude,
Ie fortifie en luy cette heureuse habitude.
Comme le Rossignol faict aux siens dans les bois,
J'examine ses tons, je mesnage sa voix ;
Afin que quand ton bras aura quelque victoire,
Il puisse consacrer des Hymnes à ta gloire,
Et monstrer que le Feu qui m'anime auiourd'huy,
Vint apres mon trespas ressusciter en luy.
En effet si j'obtiens ce que mon cœur souhaitte,
Tu seras son Auguste, il sera ton Poëte ;
Auguste dans la guerre, Auguste dans la Paix,
Et dans l'vne & dans l'autre il dira tes beaux faits.
Vn mouuement secret dés que ie te contemple,
M'asseure que des Roys tu dois estre l'exemple.
Mais qui t'imitera, puis qu'enfin ie préuoy
Que tu seras vnique, & seul semblable à toy ?
                      C ij

*Alors que le Phœnix renouuelle sa Race,
Qu'il s'esleue dans l'air d'vne pompeuse audace,
Qu'en se portant luy mesme il porte son Berceau,
Les cendres de son Pere, & son propre Tombeau;
Que d'vn vol glorieux trauersant les nuages,
Qui forment dessous luy la foudre & les orages,
Il descouure au Soleil comme vn riche thresor
Son plumage de pourpre, & sa Couronne d'or;
Tous les Chantres de l'air, rauis de ce spectacle,
Volent pour contempler ce superbe miracle;
Mais le voyant si pres de la voûte des Cieux,
Ils arrestent leur vol pour le suiure des yeux.
Ainsi lors que la suitte & la vigueur de l'aage,
Auront fortifié ton bras & ton courage;
Tous les Princes rauis de tes perfections
Tascheront d'imiter tes belles actions;
Mais voyant leur puissance à la tienne inegale,
Leur merite vulgaire, & ta vertu Royale,
Honteux d'auoir perdu les traces de tes pas,
Ils te suiuront de loin, ou ne te suiuront pas.
 Tandis, quoy qu'au Berceau tu ne puisses m'entēdre,
Puisses-tu mon* DAVPHIN, *cōme vn autre Alexādre,
Viure paisiblement à l'ombre des lauriers,
Que ton Pere conquit par ses actes guerriers.*

Que pour te caresser ce Prince se repose,
Afin que te laissant à vaincre quelque chose,
Tu nous faces douter dans ton aage boüillant,
Qui du Pere ou du Fils parut le plus vaillant.
 A ce mot, à main gauche vne flâme soudain
Fit esclatter la nuë, & tressaillir la Seine.
Des Cygnes desployant leurs aisles dessus l'eau,
Redirent apres moy ce Cantique nouueau;
Et le petit Zephir couronné de verdure,
L'espandit sur la terre auec vn doux murmure;
Signe que toute chose à l'enuy m'escoutoit,
Et qu'à mes justes vœux le Destin consentoit.

F I N.

Auec Priuilege de sa Majesté, signé, Par le Roy en son Conseil, Conrart, & seellé du grand seau. Donné à Paris le 1. iour d'Octobre 1638. portant defenses à tous autres qu'à Iean Camusat, d'imprimer le present Poëme durant l'espace de sept ans, sur les peines qui y sont contenuës.

www.ingramcontent.com/pod-product-compliance
Lightning Source LLC
Chambersburg PA
CBHW060450050426
42451CB00014B/3244